CONSORCIO DEL **CÍRCULO DE BELLAS ARTES**

ephimera

VILAPLANA
CATERING

MEDIAPRO
EVENTS

AZOTEA
GRUPO

criaturas laterales

CÍRCULO DE BELLAS ARTES

Presidente
JUAN MIGUEL HERNÁNDEZ LEÓN

Director
VALERIO ROCCO LOZANO

Diseño de colección
ESTUDIO JOAQUÍN GALLEGO

Impresión
KADMOS

© CÍRCULO DE BELLAS ARTES, 2025
   Alcalá, 42. 28014 Madrid
   Teléfono 913 605 400
   www.circulobellasartes.com

© de los textos: sus autores, 2025

ISBN: 978-84-129645-0-9
Dep. Legal: M-9448-2025

La participación de la Fundación Biodiversidad del Ministerio para la Transición Ecológica y el Reto Demográfico en esta publicación se enmarca en el proyecto «Cambiar los estilos de vida para recuperar la naturaleza», financiado por el Plan de Recuperación, Transformación y Resiliencia (PRTR) de la Unión Europea - NextGenerationEU.

criaturas laterales

andrea abello héctor aceves pablo baleriola
aurora camero sofía crespo madrid
sanae el mokaddim el ayadi adrián fauro
juan gallego benot maría garcía díaz
rodrigo garcía marina carlos garcía mera
óscar garcía sierra mayte gómez molina
juli mesa alba moon ángelo néstore
jan luca nogal carla nyman
juan f. rivero laura rodríguez díaz
juanpe sánchez lópez ander villacián

una antología de carlos garcía de la vega

EDICIONES POESÍA

«... continuamente sé que va a pasar algo
y nunca pasa» carmen jodra

«... *how have poets managed so utterly to get no piece
of the pie. It's so kind of trick, a vanishing act that
we have performed on ourselves*» eileen myles

α _ génesis

juan gallego benot, I
aurora camero, II

I

Así es, amor, con frecuencia y a escondidas
leo evangelios apócrifos. Sé que te cuesta entenderme,
porque tú no adoras los bajos fondos de la epistemología,
ni la doctrina errada, ni el dulce martirio de los disfrutones.

Pero estarás conmigo en que, de todos los misterios, hay dos
fundamentalmente
que sólo el delirio criptoevangélico puede resolvernos:

El primero, la cuestión de que el creador sea increado, es mi principal don de fe:
me imagino a Dios creándonos para vivir el placer de comenzarse
a través de los demás. Igual es la poesía.
Pero yo amo y no inventé el amor (eso lo hizo Walt Whitman)
y también peco y no inventé el pecado (aunque debo ser de los pioneros),
así que, aunque no hubiera vivido su creación, creo
firmemente
que Dios bien pudo crearnos y luego mirar cómo nos enamorábamos por primera vez,

cómo dormíamos el uno junto al otro y nos besábamos
por primera vez,
cómo luego
nos queríamos más a la segunda y a la tercera
y aún hoy nos queremos más todavía, y entonces Dios
se relajaría sin duda y llegaría a la conclusión que no es tan importante comenzar,
pues se nos ve más contentos ahora:
es un poco hereje esto,
pero creo que estamos aliviando a Dios.

Quizá sea mejor para explicar todas estas cuestiones el segundo misterio,
tomado del evangelio árabe de la infancia,
una grandiosa perspectiva alienígena
sobre los primeros años de nuestro Redentor. He pensado mucho
en la historia del prepucio. El día de la circuncisión
una anciana, madre de un perfumista,
guarda el sacrosanto capullo
en una jarra de alabastro llena de nardos. Años después,
María unge a Cristo con el perfume añejo
                              de su pellejo.

II

Pasos rojos, torsos, aspas giratorias. La mano juega al vientre de la escritura. La extranjera se imagina sola en la noche anulada. Hay dibujos enterrados, acróbatas de ceniza. Hay tierras de humo, personas que desaparecen en la mañana. Rostros convertidos en líneas. Unas cuantas páginas con nombres, y nombres que regresan de sus sueños (como un terror nocturno).

La edad que no recuerdas. Ciudades debajo de ciudades. Y el rostro que no nombras. Esta casa que fue mía... Hace tiempo... (Hablo de lo que se rompe).

subsuelo _ caverna

juan f. rivero, III
(Las hogueras azules, 2020)
juanpe sánchez lópez, IV
(Tonterías, 2024)
laura rodríguez díaz, V
adrián fauro, VI

III

POEMA PARA LOS TECHOS DE UNA CUEVA

Vosotros,

que en lo tierno y profundo
del futuro
aprendisteis de nuevo
a leer y a escribir,

recordad siempre:

no hay nada más hermoso
que ser frágil
en un mundo infinito.

IV
cuento infantil

> No vas a tener mayor sabiduría
> simplemente es que vas a estar cansado
> MARIANO BLATT

Yo de pequeño fui un niño gordo. Gordo como los troncos
de los árboles tras cien años bajo sus cortezas. Gordo, tan
gordo, que cuando entraba al bosque derramaba todos los

troncos de los árboles al suelo y hacía desaparecer el bosque. Yo crecí torcido pero no por estar gordo, aunque también. Yo crecí torcido como aquella flor de allá o como la muela que duele al empujar. Y como había un pequeño desvío, una pequeña alteración en mí, a veces tenía que gritar. Y para eso me iba al bosque, para que no me escuchase nadie. Allí nadie podría oírme.

En el bosque, como en mi imaginación, suelen suceder muchas cosas porque es un sitio extraño, porque lo desconocemos, porque puede aparecer de repente cualquier peligro que no esperábamos, como por ejemplo un lobo feroz o algún dios o una caída de hojas imprevista o un hada que te diga ven sígueme o un agujero que te lleve a otro mundo fantástico. Para que se me entienda, es como la ciudad pero con árboles que se derraman o que te susurran cosas o que te señalan los caminos o que simplemente te abrazan. Cuando crecí torcido como la flor de allá, los libros, las películas, las canciones y mis amigas hacían de grandes bosques donde podía gritar sin que se me escuchase en ningún otro sitio, hacían de bosques resistentes en los que podía pasar sin hacer ningún tipo de estropicio. Tuve la suerte, la gran suerte, de tener una infancia sin cansancio.

Si juntara mi infancia sin cansancio en una bolsita infinita, o en una caja dorada medieval o en un bosque de más de cien años de antigüedad, metería a todas mis amigas y a mi madre y el reguetón y los discos de Mecano y la música barroca de Johann Sebastian Bach y La Oreja de Van Gogh y algunas romcom que me siguen encantando y el amor o la idea del amor adolescente y la idea del amor romántico y mis perritas durante los años que vivieron las dos juntas en mi casa y el parque donde me juntaba siempre con mis amigas y empezamos todas juntas a fumar y a beber y a reír y a hacernos fotos y a subirlas y cuando empezamos a subirnos a otros sitios ya más separadas y empezamos a hacernos mayores y a olvidarnos de las películas y los libros y las canciones y las fotos que hacían de nuestra infancia una infancia sin cansancio... metería todo eso dentro y miraría entonces esa bolsita infinita o esa caja dorada medieval o ese bosque de más de cien años de antigüedad y sonreiría.

Quizás, pienso, podría salir del bosque, pero allí habría contaminación lumínica. Desde aquí todavía veo las tres estrellas y sus flechas: no me pierdo, no te olvido, no pasa nada. En el momento en el que los pensamientos no me dejan pensar, amarro fuerte mi infancia y la pongo sobre la mesa. Es una mesa que me hice con un árbol del bosque. Desde aquí pido perdón por la tala indiscriminada y por no haber sido a veces un buen amigo.

En el momento en el que los pensamientos se convierten en ruido yo busco la música, a veces hasta corro hacia la música y voy preguntando a aquellos con quienes me encuentro: oye, me han dicho que por aquí hay una fiesta, ¿sabes por dónde es? Los animales me miran extrañados, pero yo sé que han entendido mi pregunta. ¿Acaso es que no quieren que vaya a la fiesta? ¿Acaso es que no quiero ir a la fiesta? Me encuentro a un chico en un coche rapidísimo que me dice que sabe dónde es exactamente la fiesta, así que me subo con él dirección a la fiesta más lejana del mundo.

Llegamos y todo parece hecho a medida para caber en un poema porque es verano y hay música y chicos guapos que después serán mis novios. Igualmente, ahora no quiero escribir un poema, ahora quiero quedarme bailando.

Aunque vayamos a lo importante. Yo una vez fui al colegio y a la universidad y me dijeron que la poesía era poner las palabras de forma extraña y retorcerlas como se estruja un paño mojado para que no tenga tanta agua. Me contaron que había gente que se había dedicado por completo a intentar encontrar los significados ocultos a los poemas como si los poemas fueran un tesoro escondido en una isla y no la playa de la isla cuando le da el sol. Yo una vez en la universidad leí un texto de un formalista ruso llamado Víktor Shklovski que decía que había literatura en la que «la vida desaparece, convirtiéndose en nada». Pero luego te encuentras con los libros con las canciones con las películas y con las personas que están empapadas de vida y no las entiendes del todo y no las quieres entender las quieres sentir y al final dices: claro, ese señor ruso tenía razón.

Cuando creces, cuando los huesos empiezan a doler porque empiezan a estirar, cuando logras tocar con los pies los bordes de la cama, las palabras se vuelven raras. Algunas, incluso, hacen un daño extraño que no puedes entender. Cuando yo crecí torcido, me gustaba imaginarme mirando a los chicos, me gustaba creer que en algún momento bailaría con todos ellos y los miraría a los ojos y a la boca y que me subiría a sus coches y me llevarían a sitios alejados de la ciudad. Allí, muy lejos, yo les diría qué sitio tan bonito, es como el que sale en los poemas y en las películas y todos los chicos me besarían.

Pero mirar a los chicos, los besos y los lugares de película llegarán un poco después. Un poco después llegarán las fiestas, los bailes, hacer grandes esfuerzos por no volverse loco. Un poco después me despediré de dios y me romperán el corazón. Un poco después las palabras dolerán de otra forma y empezaré a tener mis historias y a enlazarlas con las películas y los poemas. Un poco después, talarán el bosque por completo y en su lugar pondrán un complejo hotelero que acabará teniendo goteras.

V
La cueva de las manos del río Pinturas (13000 - 9500 a. C.)

La mano izquierda se posaba sobre la roca,
se soplaban huesos huecos de aves.
En la semilla, la representación
de los cuerpos y sus visiones,

la convivencia del alimento con la geometría,
el valor simbólico del deseo.
Los pigmentos minerales y el zumo de la fruta
se mezclaban con grasa, orina, sangre.
Así se reunía el mundo en una mano.
Aquella piedra no solo fue un refugio,
el fuego, sino también un lugar
donde inventar significantes, nuevos gestos.
Durante ocho mil años, los seres humanos
tocaron la quietud de la roca para decir:
La huida de los guanacos y los choiques
cruza el bosque de nuestras manos.
Estuvimos aquí e imaginamos una realidad
para luego tocarla.
No habrá catedrales en un mundo
donde se habite la piedra.

VI
Houston, no soy el poeta

en 2009 rapeaba mejor que los poetas*
mi actitud hacia la p(P)oesía es más o menos esta
–eso lo escribió Eileen Myers–
nada de esto es para tanto
–eso lo escribo yo–

1.

¿acaso podrías medir, interpretar y debatir
que una piedra puede romper más cosas que un poema?
la p(P)oesía es una caverna
la caverna es una caverna, por tanto:
caverna, Platón, Poetas, normas
esto si, esto no.

2.

en el Estado de Platón yo sería productor
                              J Dilla
jamás sabio, jamás guerrero,
estaría fuera de peligro: no soy Poeta
si acaso poeta, repetimos:
caverna, Platón, Poetas, normas, luces, sombras
en la caverna yo sería la lámpara de Pixar
o el loco que grita:
 el conocimiento no os hará libres, muerte al Estado.

3.

la concepción de p(P)oesía de Platón no es muy diferente a
la de tu profesor de Castellano de 6º de Primaria o a
la de tu profesor de 3º de Filología Hispánica
todos sobrevaloraron lo que les gustaba
se tomaron demasiado en serio
no leyeron a Jodra ni a Garro ni a Marrero.

4.
una vez –como mínimo– Platón dijo:
el arte es una copia de una copia
–como si eso fuera algo negativo–
odio a los poetas porque amo a Aristóteles
–como si fuera incompatible–
y yo dije:
soy mi padre antes de que mi padre fuera mi padre
–como si eso fuera algo divertido–
ahora el médico dice:
tienes el mismo corazón que tu padre
      míralo
            esa deformación es idéntica
                  ten un poco de personalidad,¿no?
                        ¿qué pensaría Platón de tu falta
                            [de originalidad?
                        ¿y de tu mutación genética?

5.
la p(P)oesía es un invento burgués
un algo dentro de un algo
a veces un algo que sale mejor que ese algo
pienso en Alien, el *cash rules everything around me* y las
antologías poéticas.

6.
supongo que parte de mi corazón no supo que debía parar de
                                    [crecer.

7.
de creer
en un creador sería Tyler
no en una Idea.

8.
en la taberna de Platón no se miran a las sombras
se mira a la luz de una máquina de Codere.

9.
en la colonia de Platón
hay una hormiga antimonárquica con voz de Woody Allen
                    que se enamora de una reina
confundió interés con curiosidad
Carmina Burana con Carmen Mola
deseo con necesidad
por ejemplo:
un deseo es ser futbolista y una necesidad es ir al baño
a) cumplo mi deseo
            creo un futbolista desde cero en el Fifa
            elijo el perfil
            la forma y el tamaño de las orejas
            la nariz
            los ojos
            le pongo barba, pero no mucha
            busco un pelo parecido al mío, o más bonito
            color oscuro
            y pienso

si supiera jugar al fútbol
sería interior izquierda
para meterme por dentro
y a pierna cambiada
gol
   le pongo las calcetas bajas
   camiseta estrecha
   ficho por mi equipo
que también he tenido que crear
porque no aparece en el juego
b) cumplo una necesidad
    voy al baño
cuando vuelvo nada de eso tiene sentido
no soy futbolista ni poeta
      ni chileno.

10.
mi corazón no me permite jugar al fútbol
mi cabeza   creer en la trascendencia
mi bolsillo   en los mitos
por ejemplo:
me encantaría sentarme a escribir un poema
que haga entender a Platón que la poesía
es algo que merece la pena agarrar fuerte para quiera
        [escaparse
pero no tengo tiempo y estoy tumbado
pensando en [escribe el nombre de tu poeta favorita]
acariciándole la coronilla

leyéndole [escribe el nombre de tu poema favorito]
en [escribe el nombre de un sitio que odies].

*creo que todavía podría rapear mejor que los poetas.

urdimbre _ afecto

óscar garcía sierra, VII
maría garcía díaz, VIII

VII
SIN TÍTULO POR AHORA

Para Carlos

si tuviera que escribir un poema
sobre el final de esta fiesta,
un poema en el que apareciesen
los que están hablando en la cocina,
los que están frotando un plato
y los que bailan abrazados.
los que fuman en el balcón,
los que entran y salen del baño
y los que de vez en cuando
miran el poema
e intentan robarlo.
los que ya se han ido
y los que dentro de un rato
vendrán con bolsas verdes
llenas de botellas marrones
chocando entre ellas
como nosotros hace un rato.
un poema que fuese pasando
enrollado
por todos mis amigos,
para que cada uno lo abriese
y añadiese un verso
sobre la fiesta

o sobre el propio poema.
un verso que diga
aunque ya esté amaneciendo
aquí se está llamando a las criaturas.
o que no diga nada
pero que suene bien.
o que no suene bien
pero que nos recuerde a algo.
o que no nos recuerde a nada
pero que nos haga olvidar.
si tuviéramos que escribir
todos juntos
un poema
que nos ayudase a olvidar
que en casa nadie nos espera
o que nos hiciese olvidar
que alguien nos espera en casa.
si tuviera que irme
y dejar de escribir el poema.
si quisiera enseñárselo a mi abuela
antes de que muriera,
antes de decidir
si es primera persona
o tercera.
si intentase recordarlo todo
pero no recordase el final de la fiesta
ni el poema.
si solo recordarse

el ruido de las botellas marrones
chocando entre sí
dentro de una bolsa verde.

VIII
HISTORIA NATURAL

:

dicen que, bajo el vientre templado de las calandrias, bajo su
canto, un ismo abriga a la tierra entera. calienta las cascadas,
la piel cristalina de los cactus, los cardenales encendidos
/ amapolas. es estructural como un caballo, dicen, dicen
que debo dejarle que me albergue, *que no debo regalar el
conocimiento*, que pasaré frío. pero yo no sé nada, yo no
podría hablar más en profundidad sobre ese ismo porque yo
solo conozco el agua fina del azahar

::

también dicen que otro ismo se opone a este ismo. otro ismo
que colima la luz tenue de los nidos, consiente la llovizna,
bruñe la fibra del coco. se supone que yo comulgo más con
este ismo. se supone que si comulgo más con este ismo
podré asemejarme a las personas que comprenden (aunque
malvivan). aunque tampoco sé muy bien en qué consiste

:::

me pregunto qué fuerzas como anturios carnosos corresponden
a estos ismos. ¿neurológicas? ¿por qué solo dos ismos (pues
cualquier superposición mística de ambos reposará aún sobre
dos –ismos–, dos pedruscos) y en cambio tanto tiempo
de reflexión?

::::

tu añil oscuro me refresca la boca

umbral _ margen

ander villacián, IX
andrea abello, X
jan luca nogal, XI
carla nyman, XII
(Líquida tuya y vertebrada, 2023)
ángelo néstore, XIII

IX
Penumbramiento

¿qué se puede decir
sobre los bosques
qué se puede escribir ya
sobre la grieta
cómo se invoca la hoguera
en este código postal?

todavía hay quién se pregunta
qué era la luz del sol
en este confín del murmullo
hay quien consulta
una guía telefónica
y busca qué es el sueño

qué es la piel
si no la orilla de-en-medio
qué puede ser la piel
si no la manivela atrancada
una agitación de los vértices
de-algún-no-lugar

qué es la voz
si no es la membrana
de las capas intermedias
la silueta del pájaro carpintero
la pústula inflamada de los cinco años

un hambre de muy lejano y de antaño
qué es la violencia
si no un operario de la cronología
una aparición que dibuja
la línea de las sierpes
la memoria vascular de los gazapos
el contorno liviano del hormigón

qué es el amor
si no es la quema
el roce del relámpago
la espinita en el mesocarpio
un osario un reguero una palpitación
inmóvil

qué es el diccionario
de los dialectos prohibidos
los tráficos rodados del abismo
el huracán de la encarnación
en la mesilla de noche
¿quién alcanza los ferrocarriles
el aullido el claro en el bosque?

la garrapata acaricia su significado
la periferia es un estado de cosas
ser es siempre demasiado
interrogar: un atrevimiento
y así que se queden
todas las puertas entornadas.

X
Reposo de quimera

> Leyendo «Lady Lazarus» de Sylvia Plath

Te espero aquí, así,
haciendo perlas
con mis ojos,

bebiendo besos poderosos
por el párpado. Si me miras
aprendo a andar de nuevo.

Apenas formada, mi piel supura
caramelos de veneno. Uno por cada día
quieta, masticando arena,

la lluvia de arena que no se detuvo.
¿Por qué no reventaste
las glándulas del llanto al levantarme?

Cada perla presta, bellísima,
servicio de tea, ilumina el camino
y canta con mi voz.

Por cada nueve, una por ojo,
me devuelves las píldoras blancas
que me dan tanto frío...

Amor, yo creo que este cuerpo
no es cruel. Hasta cambiado quiere
alimentarte de sí, ¿no es hermoso?

Si me abres los ojos, si me deshaces
cada cola hasta llegar a mí,
tal vez no te querré tanto

como ahora. No tendré perlas comestibles,
piñones dorados, no calmaré
tu lengua caliente con mis brillos.

No seré tu mascota olímpica, dócil zorra
de nueve colas. ¿Acaso me amas
mientras duermo? ¿Canto en sueños también?

Pensé que despertaría pronto
cuando me dejé atrapar. Aún hiberno
dentro de mis intrusas.

Envuelta por ellas es difícil hablarte.
Te veo con muchos ojos, con el ansia
del segundero de tu muñeca.

Nueve colas de perla y nácar,
nueve puntas de oro que no te harán daño,
profeta bello, que solo esperan

la luz del día. Pero soy así
tan solo todo el tiempo
y solo admito lo precioso.

Mira qué belleza, ahora que sé
manar cristales, derramar oro con mis colas
de hidra de azúcar.

Si te acercas, me dejaré acariciar,
paciente y quieta, y si me das un llanto
te daré una perla más, un regalo mío.

Canto en sueños, sí, y busco
el calor, la oscuridad de la cueva,
me mantengo en tibieza perfecta,

viscosa y húmeda, maleable,
porosa para cosecharme las huevas
aceleradas. Son tuyas.

Yo las fabrico con amor
a millones por día, ¿no ves
que puedo multiplicarme?

¿No soy la perfecta quimera, el más bello
espíritu, no me ves toda tuya,
hermoso profeta, lavándote con perfume?

¿Contabas esto de mí en tus bellas historias?
¿Cómo controlas, mi amor,
la forja de las lágrimas?

Una sola alimenta un caballo,
un hombre adulto, una máquina
del tiempo, la última hoguera.

Gracias, profeta amado, por salvarme
de la pira, gracias por contener
el deseo de fuego, ayudarme a destilar

esta sonrisa para el trabajo
y el amor. Tú
eres inmune a mi veneno, ¿verdad?

Tú sujetas mi grito en la oscuridad,
mis piernas que aprietan, mis nueve colas,
mi alianza. Tú mantienes mi fiebre bien nublada.

Amado, ven al barrote, toma una perla,
traga,
traga.

Estás a salvo, dime que sabe perfecta
y salada, igual que tu muñeca
entre mis dientes.

XI

el día que la ciudad se paró
caminábamos cogidos de los ojos
por el palacio helado mientras
la gente empezaba a tirar sal
por los balcones

me explicaste con las teorías
del color que tú y yo íbamos a desbancar
a cualquiera de esos libros que
yo leo con una historia que nadie podría
haber inventado si no nosotros

con tu cuerno de narval dibujaste
un heptaedro en la nieve y marcaste
en griego clásico las habitaciones
de una casa entre tres montañas

yo miré embobado el tríptico de
nuestra vida saliendo de tu boca
y mis hijos saltando a la comba
en tus pestañas y por un segundo
con la ciudad parada los taxis quietos
y el mundo volviendo a casa
por un segundo con el corazón detenido
y nevado como el palacio me creí
que tú con tu cuerno
de narval decías
cosas ciertas

XII

/tɾanskɾip'θjon/ 10

mi postura es esperar
en la diametral medida del cuerpo deseosa y líquida
                                   [derramada
perra de sed quieres lo todo
pero basta!
harías el movimiento del que espera todavía
de quien viene todavía hacia dentro
retrayéndose
sin madre sin novia sin novio sin hermana sin
solo este cuerpo solo deglutiéndose de hambre apretada a la
                                         [médula
absorbida por los líquidos
de detrás de la cara y ya cuando la carne está tensa
algo asombrada por los múltiples paisajes viscosos
dices ya no queda nada
solo este residuo
resbalándose
y lo que pesa es no tener más cuerpo
de una de dos de tres celosa-envidia-histérica-muy puerca
                                   [uuuuuuuggggg glup!
te tragas

XIII
La sangre de las cucarachas es transparente

[La secretaría autonómica de Memoria
Democrática] hay que cerrarla, fumigarla y
acabar con todas las garrapatas, cucarachas y
chinches que habitan en ella.
S. Rodríguez, diputado

Esa cucaracha que anda
sobre el crujido vasto de tu falsa madera,
mírala, podría ser tu peor pesadilla.
Podría, por ejemplo, encontrar tus labios abiertos,
colocar sobre tu lengua sus huevos silenciosos
para que eclosionen luego en tus vísceras,
plantar dentro de ti su bandera.

Su boca virulenta busca alimentarse con el pan de tus ojos,
nunca había tenido tanta hambre.
Ofrécele tus pupilas mientras duermes.

Quiere infectar las aguas dulces de tu memoria
con sus patas sucias y judías
y maricas
y travesti
y pobres.

Deja que se arrastre por el techo de tu habitación
y busque la caída perfecta
y te alcance
y te coma el rostro
y te devore.

O, si no, aplástala con tu puño o tu palma abierta,
pero tócala. Su sangre es transparente.
La muerte que te ofrece es limpia, cristalina.
Es como la historia. Se olvida.

ander villacián, i
juanpe sánchez lopez, ii
(Tonterías, 2024)
aurora camero, iii
juan f. rivero, iv
laura rodríguez díaz, v
carlos garcía mera, vi
héctor aceves, vii
mayte gómez molina, viii
pablo baleriola, ix

micelio _ isla de poesía a la deriva

i

en el cajón del fondo

adiós
adiós las cajas de galletas llenas de hilo
adiós
adiós las marcas en la puerta con lapicero en el metro y trece
adiós
adiós los vasitos verdes de duralex y las espinillas
adiós
adiós los abanicos y el ruedín de la bicicleta y las margaritas
secas
adiós
adiós los nísperos el babero las latas de conserva adiós las
muñecas con el pelo arrancado el radiocasete adiós los
azulejos naranja las cartas de la caja de ahorros de una
provincia despoblada adiós la camiseta de aquí estuvo mi tía
mari carmen la loza con flores azules adiós el edredón gordo y
su cambio de armario adiós la flauta dulce la sopa de sobre la
tabla del suelo que cruje
adiós

adiós como quien se despide de su escápula
o recorre la tundra descalzo
adiós como los vencejos un adiós envuelto en papel de plata
adiós desde la ribera izquierda de las ilusiones y las hipotecas
                                                    [a tipo fijo
desde esta lluvia tan larga de marzo y las manos de una madre

adiós la clase media-media-media
adiós país de los toldos
de la lágrima rara y el sobre rojo de levadura
adiós aquí se quedarán mi primer novio mi camita la caligrafía
[en líneas de puntos
adiós adiós adiós
una casa es un disfraz y el lugar donde inventaron nuestro
[nombre.

ii
vendrán las luces y tendrán tus ojos

tenemos 11 años
y nos masturbamos lado a lado
rozando los hombros preadolescentes

tú miras a las chicas de la tele
yo miro cómo ya te están creciendo
los pelos de las piernas

tengo 17 años
y me masturbo pensando
en aquel momento

tienes 17 años
y creo que te masturbas pensando
en aquel momento

tengo 25 años
y no me acuerdo bien
por qué nos enfadamos

tú nunca fuiste amigo mío
dices por ahí

pero tienes 25 años
y te acuerdas perfectamente
del teléfono de mi casa

pasan muchos años
hasta que nos volvemos a ver
miento

pasan muchos años
hasta que nos cruzamos
en el mundo real

te veo en una discoteca
retiras la mirada
cuando te busco con los ojos

como cuando de pequeños
enfrente de la tele
ahora con los flashes
las caras se nos iluminan
pero ya no nos parecemos en nada

te has casado
me dicen por ahí

creo que conozco bien tu hombro
tienes un cuello muy bonito
aunque ahora está más grande
y claro
ya no se puede tocar

iii

Las mujeres que te habitan, el rostro que no nombras.
El corazón regresa a su pequeño anonimato. Y yo desde
aquí escribo tu cuerpo como esbozos, la imagen de unos
huesos más pequeños que los míos, un temblor de textos
enjaulados. Ahora, lejos del punto de partida: pasos que se
alejan, ventanas rojas, mira tu rostro entre las aulas de una
universidad vacía. Patios donde contaste tu historia, vetas del
iris como fracturas de un tiempo congelado, y las estatuas,
pequeña, las estatuas...

iv

COSMOS

El rocío en las espigas.
Los impacientes brazos de la luz.
El aire aún frío pasando
entre las hojas. Las glicinias
ya muertas o, más bien,
mudas tras los fantasmas
de sus flores.

Después, silencio.

Junto al sendero, un mirlo
descubre de reojo una lombriz.

Ninguna de estas cosas, sin las otras,
sería ella.

v

Volcán (Ana Mendieta, 1979)

La presión de una mujer sobre la arcilla
dibuja una silueta.
Esta abre un hueco en la tierra blanda
y desplaza una masa de fuego.

La rodea vegetación irregular;
al costado, el reposo de un lago
en el que se hunden algunas ramas.
No vemos la huella de un cuerpo
ni la fusión de dos materias distintas,
sino un movimiento simple del paisaje.
La mujer quiere tocar
todo lo que borra su nombre,
crear montañas con ese deseo.

vi

DEJEMOS EL AMOR A UN LADO,
a salvo de mancharse,
de oscurecer su fuego
con grasa de motor,
delantal de viuda
o perro sin rebaño.
Detrás del cobertizo
piso una fruta
vencida al suelo,
calor abajo.
Se estremece la boca
que la nombra,
la mano
que ya no escribe

pero teje la tela
de la memoria.
Aquí te espero,
cuajado de oraciones,
respirando
cada peldaño
el humo de tu leña.
A salvo el amor
de toda herida.

Sé de tu presencia. Tan viva ahora como entonces. Déjame
cobijar la llama de tu rezo, la alcoba de tu carne. Tú eres. No
te alcanzo si te nombro. Vara joven, humo blanco salvado de la
quema en los brocales de las huertas. No hay herida. Amor que
solamente existe y no es palabra.

vii

Para Andrea

Me encanta cuando mis amigas
acaban con sus novios.
De repente todos los oscuros e intricados motivos
por los que no querían salir a bailar
desaparecen,
the golden age is over, sadly,

y vuelve a sus rostros
con la facilidad con la que vuelven las flores en primavera
esa expresión inocente
de cuando tenían quince y engañaban a sus madres
para pasar la noche fuera
y ellas, más o menos engañadas, les decían
por supuesto, cariño, hazlo,
ve por el camino de los girasoles detrás de la gran avenida, ve
con cuidado y Perséfone, ve
y pásalo bien.

viii
Las muchachas

En la selva nadie reconoce a las mujeres
no saben a qué huelen
                          los animales

Las mujeres no desprenden el olor a muerte
de los cazadores porque
con su retroceso
un fusil apuntado a una cierva preñada
les amorataría el pecho y lo que hay debajo

Las ranas y las muchachas
                          también algunos muchachos

otras ninfas seres
que sin sexo desean

Están
con sus vestidos de colores allí,
a la orilla del río
Son sólo peligrosas a veces
cuando amenazan las cosas que aman

entonces : sí : muy peligrosas

Huelen a otras cosas, las muchachas
también algunos muchachos
ángeles que
con su deseo crean su sexo
Huelen a cosas que no han marcado la historia
pero la han hecho avanzar
remendando con esmero
los agujeros de su violencia
Conocen la sangre
las muchachas   sí,
pero de otra manera

ix
madrid río

cuántas veces he pensado
que estaba solo a un segundo
de apagarme para siempre
y el agua siguió su curso
al margen de mis problemas
y los de toda la gente

cuando nos echen de aquí
seguirá pasando el río
y cuando talen los árboles
y cuando ya solo exista
una selección de imágenes
de lo que fue nuestro mundo
una montaña de datos
con sus nombres y apellidos
seguirá pasando el río

pero no llega aquí el agua
esta tarde de domingo
para que este parque urbano
tenga que existir llamarse
madrid río
        y haya gente
mucha gente caminando
alrededor respirando

alrededor y corriendo
alrededor y viviendo
alrededor y muriéndose
(perdón)
        alrededor

no está aquí pasando el río
para que haya tanta gente
porque sea un cableado
o un paisaje a la medida
de familias de apps de citas
cuerpos sudados en chándal
o en bicicletas azules

y no nace el manzanares
en la bola del mundo
por la urgencia masculina
de escribir poemas largos
y practicar un deporte
ni la urgencia madrileña
de tenerlo todo dentro
de este centro desquiciado

¿y a qué parte de madrid
te irías tu a buscar

toda la tranquilidad
que le falta hoy a tu vida?

¿qué le falta hoy a tu vida?
qué necesidad tendrá
de correr aquel que corre
de escribir aquel que escribe
qué tal le irá la semana
al que acaba de pasarme
por el lado con la bici
qué tal le irá la semana
a quienes dejé de hablar
a quienes creí importantes

cuántas horas de paseo
necesita el corazón
para latir más tranquilo
una tarde de domingo
destruido por la fiesta
y por el grito futuro
de la semana que empieza

cuántas horas de descanso
necesita un cuerpo adulto
para no mirar al río

con la idea de tirarse
con la idea solamente
con la idea no te asustes

simplemente hoy he pensado
que alguien me pudo explicar
cuando era muy pequeño
que una vida no te da
para tanto como crees
al principio de vivirla
¿eso estaría bien no?
o tampoco es importante
en el fondo no es difícil
entender que todo acaba
entender la finitud
de la carne y sus problemas
el problema es encarnarlos
¿encarnarlos o encararlos?

no sé una paloma cruza
al otro lado del río
cuesta trabajo seguir
la estela que deja un cuerpo
tan pequeño en el paisaje

hogar _ refugio

juli mesa, XIV
sofía crespo madrid, XV
carlos garcía mera, XVI
sanae el mokaddim el ayadi, XVII
alba moon, XVIII
héctor aceves, XIX

XIV

agito las rebabas magnéticas de mi rastro
un último baile agota la noche cuando
me tocas, y soy luz
destilándose
deja entrar tu nombre
lengua que se dice:
bienvenida
este espacio se ha creado para lo que somos
todos los espacios, este espacio
con joyas en los dientes y cristales en el cuerpo
son la fé de una mañana que juntas atravesamos

XV
TRES POEMAS PARA DEISO, EL MORROCOY

1

encajarán en mí
aquellos hexágonos naranjas

a su coraza llamo infancia
aún intacta

2

también muda y despacio
sin nunca llegar tarde
voy descalza hacia la muerte

3

tú recuerdas lo que hemos olvidado
detrás de sentencias esclavas:
amas tu ritmo
en esquinas infinitas

por ti conozco el derroche de los huesos
donde reina la lentitud
que abre la palabra

XVI

ESCRITURA SOLA. Alzó la mano para llegar a transparencia, para holgar su blanco o tocar cielo si me dejo en ella. En el papel es donde mejor sube el tallo, donde no florece escarcha ni abismo. Escribo para desaparecer y hacer de mí gozne de una puerta o brocal de un pozo. Solo la palabra alumbra esta noche de enero y da sentido al movimiento de los astros, al crecimiento de las hojas... Aquí la vida puede ser y no arrepentirse.

XVII
¿fiin ana? (¿dónde estoy?)

He reconocido a mi cuerpo
en este manojo de hierba
pero no he detectado su tallo
supuestamente protegido de líquido amniótico
y cuando me he enjuagado la boca con cúrcuma
he comenzado a tener sed.

Mis ojos siguen sucios del barro que me lanzó
                 tras las rejillas del colegio,
quemé las únicas flores que compramos
y me estoy ahogando con la humedad del techo.

Me piden que hable de amor
pero sólo sé decir que tengo hambre,
aún estoy recogiendo las escamas de una cultura
machacada por el hombre;
mis manos se han manchado del rape que esnifa sentado sobre
                                            [una silla
he aliviado el sabor amargo de mi saliva con limón cocido
mis uñas piden abundancia
mis rodillas

perdón.

Tengo escrita sobre la frente la palabra *fitnah*
mi boca mastica *ma'adnus*

mientras la suya me insulta
el ruido del vecindario me traga
la policía nos vigila
las paredes se nos caen
y yo les digo que no
que no soy como ellos
que solo compartimos el recinto.

Hay que amputar el dolor mediante cesárea
el *ayat al Kursi* no me protege del *e'ein*
y mi hermano sigue diciendo durante la cena
que el que come callado
come dos veces.

GLOSARIO
Todas las palabras aquí recogidas son de origen árabe.
Fitnah: palabra de varios significados. En este caso,
se traduciría como provocación.
Ma'adnus: perejil.
Ayat al Kursi: versículo coránico, perteneciente
al capítulo II. (Surat de la vaca).
E'ein: mal de ojo.

XVIII

todos los días compro un café abominable
por 5 dólares cerca de battery park;
lo consumo para no tener que comer después.

algunas mañanas me gusta pasear con él en la mano
y pararme frente al grafiti *i hate paying rent*
que alguien escribió proclamando
la furia de todas las personas del mundo.
una frase simple de gran trascendencia,
un lema generacional
como las ideas verdes y somnolientas de chomsky
o el *what else?* de george clooney.

i hate paying rent
cuatro palabras que repetidas a diario
podrían detonar una guerra a escala global
o incendiar el epicentro de manhattan.
puedo intuir el nivel de las protestas
prendiendo fuego a edificios icónicos
en los que no se permite vivir.

¿acaso frank lloyd wright podría llorar hoy
la muerte de su guggenheim?

i hate paying rent

i hate paying rent

i hate paying rent

gritaría a lloyd wright y a toda su familia.

XIX

Para Eros

Los gatos no habláis, es evidente.

Te pasas el día rehuyendo los abrazos
de un gigante, y prosperan
tus ojos en las posibilidades azules
del cielo más allá de la ventana.

Duermes con la luz, escondido
en algún rincón de la casa
del que te has adueñado y al que por supuesto
nadie está invitado. Esquivo,

como los amantes,
me recuerdas que eres libre
con múltiples gestos de desdén
para que nunca lo dude.

No hablas: cuando sientes un afecto incontrolable,
me muerdes con cuidado –sabes
que esa no es la forma humana de besar–
y permites que te rodee
con los brazos, aunque tu expresión
sea de extrañeza. A cierta distancia,

te observo entornando la mirada –sé
que eso te hace sentir a salvo–,
tumbado sobre una camiseta que conserva mi olor,
y no es necesario hablar: el amor alcanza
los lugares vacíos de lenguaje.

apocalipsis _ Ω

mayte gómez molina, XX
y rodrigo garcía marina, XXI.

XX
Santa Catalina de Alejandría

Cómo apaga un árbol su fuego
si no tiene manos
Crucificado en sus propias ramas es
vid ardida en vano, sin mensaje
El fuego no tiene remite

Ante el incendio
debe el árbol desalojar los nidos
aceptar que arde, pero es difícil
Quizás incluso Juana de Arco pensó
por un segundo
      en nubes   a toda velocidad   hacia ella   la lluvia

Se pinta a veces a las mártires intactas
pero acompañadas de los objetos
que les quitaron la vida
como si no recordarán que fueron su yugo y
tranquilas
los portan ahora con gracia

Son esas pinturas
una buena teoría sobre la resurrección:

Si sacas de tu carne
la flecha con la que te atravesaron

puedes ponerla en tu arco
mandarla en la dirección que vino
y lo que fue tu fin podría ser
también
una lección sobre volver a empezar

y XXI

SU ESCATÓFAGO

A su merced

He venido a no amarlo, no decirlo, no presentir sus pisadas construyendo una vida

en la que ya no estoy.]

He venido para no volver a él, no ahuyentar las sinfonías de la tristeza,
a no habitarle las entrañas de nuestros odios, sus soflamas, he venido
al lugar propio de los inapropiados, a cabalgar sobre los silencios del mundo
caído, he venido por los llagados a llagarme heme aquí he
venido de noche para invocarme en ritos solares, para ser el mal parado,
para reconstruir nuestro dialecto sobre la lengua de un extraño.

He venido con la prisa del ciempiés de plata, sin quemaduras, he venido
hacia la luz porque no quedaba nadie más en este jardín, por si apareciera
ipara no besarlo! he venido según la profecía, hacia tanto que no,
pero he venido con tomates secos y estramonio, con reproches sin
armadura he venido contra mí mismo, mediante un carro diamantino

He venido coloreado por la religión, preguntando qué hay después del mal,
con la pupila rota de ausencia y seda, he venido solo para no sentirle en mi interior,
por si los fetos muriendo patalearan, por los potros mudos, por ninguna especie
extinta, para regarle las plantas y cuidar de todas sus creaturas, he venido con
el final de la última primavera cayendo sobre las rías, para que nada quede
tal y como está, o para que nada esté, o por si las abejas no liban, por
si el deseo se deshace como ropavieja, o por si el mundo acaba o por si yo acabo
o para que lo nuestro acabe, he venido
a no amarlo, no decirlo, no presentir sus pisadas construyendo una vida

en la que ya no estoy.]

he venido tras la caída del astro sobre el mar que miramos, ido
entre terribles dolores lo he vivido yo que he venido
desde el final del amor aullándole a las palabras por lo que ya no sentiría,
bajo el titilante cementerio de las gaviotas voladoras a contarle aquello de las puertas
rotas, mediante amenazas de vida cuando pedía morirse, por si acababa
y durante el verano en el que nevó sobre la ciudad, a no extrañar sus caricias
he venido con el malagüero y la cigüeña, sin el oro del que vence en el sexo
de los titanes, por si hiciera falta o si se echara de menos o si preguntara
por si naciera más hermoso o hubiera marchado, yo he venido,
a recoger el cajón de su ropa, según las escrituras para incordiarlo
o embellecer ausencias, pero en otro idioma, a marchitarme
en las flores que le regalaron, a envenenar los pozos de la memoria,
durante la pausa sonora de todas las fotografías a reclamarle que ya no esté.

He venido como vienen los fantasmas o como mueren los niños,
para reírme de nuestra imagen torturada, para que las cañadas bailen,
porque no me quedaba más remedio, he venido vestido de blanco,
con paraguas un día sin nubes, para destartalarlo todo, por si no fuera
más que un mueble viejo, entre vías bordadas sobre una pared de loto.

EPÍLOGO MUY LATERAL

Carlos García de la Vega

Si la historia fuese un único ejercicio intelectual, sería uno basado en el reduccionismo. La virtud del historiador está en rescatar y seleccionar datos de manera que consiga iluminar fragmentos del pasado silenciados. Su vicio, en poner espantosas luces led blancas a las mismas historias de siempre. La historia de la música en particular está llena de lugares comunes que reducen un fenómeno tan ecuménico como es la presencia musical en las vidas de las personas a un puñado de titulares que asignan un género o una técnica compositiva a un lugar y tiempo determinados. Lo bonito de contar la Historia, o de contar una historia, es ser capaz de reflejar cómo cualquier logro formal o agrupación generacional es una especie de juego de ondas concéntricas que van configurando y a la vez deshaciendo el mismo fenómeno. Es por esto que la Academia ha tratado de reducir al mínimo la complejidad de la escritura poética en torno a dos conceptualizaciones bastante ortopédicas: la de la generación y la de la antología. Ninguna me resulta especialmente útil ni estimulante. Sin embargo, este librito que tiene entre las manos podría hablar de una historia generacional y tiene, en apariencia, la forma de una antología poética.

A pesar de ser un fenómeno que se dio en muchos lugares, incluso en la Real Capilla del Alcázar de Madrid, la policoralidad es un fenómeno que nos evoca inmediatamente, a causa de una musicología de luz led blanca, a la catedral de San Marcos de Venecia y a los compositores Adrian Willaert y Giovanni Gabrieli. A pesar del nombre casi matemático en español, en italiano la técnica se conoce como *cori spezzati* [coros despiezados], y lejos de ser una manifestación puramente vocal, hay que entender que es un fenómeno mixto en el que cada voz policoral/despiezada podía estar escrita para un pequeño conjunto instrumental, para un órgano o para secciones parciales de coro.

Lo más interesante y por lo que lo traigo a colación es porque, dada la distribución espacial de los distintos coros, los compositores tenían que contar con el fenómeno puramente físico de la propagación del sonido en el espacio para marcar los tiempos de la composición y que el resultado fuese armónico dentro de cada templo. De una manera análoga, esta antología, este relato del puro presente poético en la España de los 2020, surge del deslumbramiento que me produce siempre la dispersión de la luz del único, si lo hubiese, espíritu de este tiempo [*Zeitgeist*]. Cada voz poética irradia desde un lugar distinto, como los *cori spezzati* de San Marcos. Mi divertimento ha sido colocarlas a diferentes alturas y distancias para armonizarlas en un solo relato.

Durante toda la temporada 2024-2025 de La Mesa Redonda del Círculo de Bellas Artes (Poesía Joven & Otras Literaturas), de la mano de la Fundación Biodiversidad, nos centramos temáticamente en la crisis ecoclimática. Nuestro método fue el ejercicio retórico de repensar y explorar poéticamente sus implicaciones directas en la mente humana, a través de lo que dimos en llamar *Ecoemociones*. A lo largo de ocho recitales a tres voces, abordamos los conceptos de ilusión, entumecimiento, empatía, arraigo, desprecio, inquietud y gozo, basándonos en la categorización que el profesor de retórica de la Universidad de Pennsylvania Joshua T. Barnett propone en su libro *Ecological Feelings* (2025).

Este volumen que está usted acabando pretende ahondar en ese trabajo de conceptualización a través de unos ejes temáticos más universales y poliédricos que fueron recurrentes para abordar lo ecológico a lo largo de todas aquellas sesiones en directo: lo subyacente, lo afectivo, lo liminal y lo doméstico, acompañados de un génesis, un apocalipsis y una isla de poesía a la deriva. Defiendo que lo ecológico en poesía no implica escribir verso libre sobre la corriente en chorro, las energías renovables, la climatología adversa o la desertificación: si ahondamos en las emociones que nos provocan y las reinterpretamos, vemos que la causa de la crisis climática es el colapso del modelo económico ultraliberal y que el gesto primario que puede combatirlo es el de los paradigmas de pensamiento que desde hace tres años los jóvenes poetas exponen y comparten en La Pecera del Círculo de Bellas Artes. La poesía es ecológica por su mera existencia, contra toda lógica de mercado, de crecimiento exponencial, de fordismo literario, de homogeneización del pensamiento, la forma y el estilo.

Nado cada mediodía en una piscina municipal. A esas horas suele haber, sobre todo, gente de mediana edad que, como yo, aprovecha la hora de comer para hacer ejercicio. Es una hora relativamente tranquila, como mucho compartes calle con dos personas más. Siempre suelo ponerme en la calle de nado rápido porque, a pesar de que no nado especialmente rápido, en comparación con la gente que se pone en las calles de nado medio, voy un poco más ligero.

Hace unos cuantos viernes no pude ir a mediodía por una urgencia de trabajo y acudí a última hora de la tarde. En general, en fin de semana la piscina en su última hora es un lugar especialmente letárgico. ¿Quién va a nadar un sábado o domingo a las ocho de la tarde pudiendo estar teniendo una vida que vivir? Sin embargo, el viernes por la tarde me encontré fuera de lugar. Media piscina está ocupada por una clase en la que ponían una música espantosa que retumbaba como retumbaría el infierno. El resto de calles estaba saturado de nadadores, la mayoría gente mucho más joven de lo habitual. Me puse por inercia en la calle de nado rápido, como siempre, y la teoría de la relatividad me cayó encima como una losa tan pesada y falta de gracilidad como yo mismo: jóvenes y esbeltos nadadores y nadadoras me adelantaban constantemente porque, fuera de la burbuja de vacío de los mediodías, no nado en absoluto rápido.

Lo mismo me pasa con todos los poetas seleccionados para este libro: estar en contacto con ellos y sus marcos mentales me enriquece constantemente, a pesar de sentir que sus vertiginosas mentes me adelantan constantemente en todas direcciones y sentidos, por todos los recovecos de mi capacidad intelectual. El pensamiento lateral es un concepto acuñado en 1967 por Edward de Bono para proponer un método epistemológico que prescinde de la lógica tradicional para la resolución de problemas. La línea lateral es un sistema sensorial que permite a peces y anfibios obtener información hidrodinámica del ambiente. Afirmo sin temor a equivocarme que los poetas jóvenes están en posesión de esa línea lateral de percepción. Desde 2022 la poesía nos ha servido, en el Círculo de Bellas Artes, como herramienta para re-imaginar un presente cada vez más incierto. Esta antología de poesía joven propone que solo desde la deconstrucción de lo aprendido/heredado y la reconstrucción simbólica de un espacio conjunto/compartido de significados es posible la comunicación, la esperanza y el respeto por la vida ajena, incluso de la vida más allá de lo humano.

No sabemos si estamos a tiempo de sanar el planeta, pero al menos lo vamos a intentar poéticamente.

Nota: Excepto por problemas de agenda, y es que hay algunos jóvenes poetas verdaderamente ocupados ya por y para la literatura, todos los poemas de este volumen son inéditos y/o se han elegido o escrito expresamente para esta antología y su propósito ecologista, salvo que se indique lo contrario.

triple índice lateral
(diacrónico, onomástico, sección: poema)

1986
ángelo néstore   umbral: XIII   45

1990
juli mesa   hogar: XIV   63

1991
juan f. rivero   subsuelo: III   17
                                micelio: iv   53

1992
maría garcía díaz   urdimbre: VIII   33

carlos garcía mera   micelio: vi   54
                                hogar: XVI   64

1993
mayte gómez molina   micelio: viii   56
                                apocalipsis: XX   73

alba moon   hogar: XVIII   67

1994
aurora camero   génesis: II   13
                                micelio: iii   52

adrián fauro   subsuelo: VI   22

óscar garcia sierra   urdimbre: VII   31

juanpe sánchez lópez   subsuelo: IV   17
                                micelio: ii   50

1995
pablo baleriola   micelio: ix   58

sofía crespo madrid   hogar: XV   63

1996
rodrigo garcía marina   apocalipsis: XXI   75

carla nyman   umbral: XII   44

1997

andrea abello   umbral: X   39

juan gallego benot   génesis: I   11

1998

laura rodríguez díaz   subsuelo: V   21

                            micelio: v   53

1999

jan luca nogal   umbral: XI   43

2000

sanae el mokaddim el ayadil hogar: XVII   65

2001

héctor aceves   micellio: vii   55

                           hogar: XIX   68

2003

ander villacián   umbral: IX   37

                           micelio: i   49

Este libro está compuesto con la tipografía Untitled Serif.
Se terminó de imprimir en los talleres de Kadmos
en mayo de 2025.

El papel utilizado, procedente de la fábrica Vilaseca,
en Barcelona, es reciclado y respeta en el proceso de elaboración
los requisitos ambientales y sociales más estrictos.

Para evitar contaminantes innecesarios hemos prescindido
tanto del plastificado como del retractilado, de forma
que la cartulina de la cubierta podría deteriorarse
levemente en alguna fase de su distribución.